プリントして使えるCD付き **400題以上！**

やさしいコグトレ
認知機能強化トレーニング

著　児童精神科医・医学博士　宮口幸治

「数える」　「写す」　「見つける」　「想像する」

三輪書店

はじめに

　「この子、漢字がなかなか覚えられないのです」といった相談をよく受けます。そこで簡単な点つなぎ課題（上の図を下に写す）などをさせてみると、うまくできなかったりします。それができないなら漢字の模写はもっと難しいので、漢字が覚えられないのは当然なのです。ここで必要なのは簡単な図形を確実に写せる力です。

　漢字以外にも、計算が苦手、図形が苦手、黒板が写せない、文章題が苦手、といった子どもたちがいます。これらの原因には、写す力、相違を認識する力、数える力、想像する力、記憶する力といった認知機能の弱さが背景にある場合が多いのです。そこを考慮せず、ひたすら苦手な計算や漢字などを練習させても、それらができないばかりか、子どものやる気を奪い、心を傷つけることにもなりかねません。

　前書『コグトレ　みる・きく・想像するための認知機能強化トレーニング』はそういった背景のもと学習の土台となる認知機能を強化するために生まれ、現在多くの教育機関でお使いいただいております。ただ難易度がやや高く、もっとやさしいものがあればと、ご家族や教育の現場から強いご要望をいただき、本書の発刊となりました。

　対象は年中児から小学校低学年ですが、それ以上でも勉強が苦手で前書のコグトレが難しいお子さんや、認知症、知的障害の方々にも十分取り組んでいただける内容となっています。お子さまが本書を終え、前書のコグトレにもチャレンジされ、勉強への苦手感を克服されることを願っております。

立命館大学　児童精神科医・医学博士

宮口　幸治

目 次 Contents

はじめに …………………………………………………………………… iii

本書の構成と使い方 ……………………………………………………… 1

各トレーニングのやり方 ………………………………………………… 9

数える
まとめる ……………………………………………………… 10
記号さがし …………………………………………………… 12
あいう算 ……………………………………………………… 14

写す
点つなぎ ……………………………………………………… 16
曲線つなぎ …………………………………………………… 18
ゆれる点つなぎ ……………………………………………… 20

見つける
形さがし ……………………………………………………… 22
この影はどれ？ ……………………………………………… 24
同じ絵はどれ？ ……………………………………………… 26

想像する
スタンプ ……………………………………………………… 28

答え ……………………………………………………………………… 31

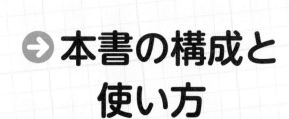

1. 本書の構成

　本書は、『コグトレ　みる・きく・想像するための認知機能強化トレーニング』(三輪書店)の、より基礎的なトレーニングとして作成してあります。前書は、「覚える」、「数える」、「写す」、「見つける」、「想像する」の5つのトレーニングからなりますが、本書ではそのうち特に、**「数える」**、**「写す」**、**「見つける」**、**「想像する」**について、基礎的な課題を集めてあります。以下、順にその概要を説明します。

● 数える

　数感覚や集中力、短期記憶の力、抑制の力を養います。以下の3つのトレーニングからなります。

まとめる

　ある記号を、決められた数だけ丸で囲むことで、数感覚を養います。数を効率よく数えたり、繰り上がり・繰り下がり計算の理解にも役立ちます。

記号さがし

　リンゴの数を数えながら、リンゴにチェックしていきます。その他、「バナナも数える」、「ある果物がリンゴの左側にあるときはチェックしない」、といったルールを設けてあります。注意深く正確に数えることで集中力をつけたり、ある条件下でブレーキをかけたりすることで刺激に対する抑制の力を養います。

あいう算

　1桁＋1桁の足し算をして、その答えと計算式の左横にある記号やカタカナ、ひらがなを一緒に記憶し、下段にある解答欄に対応する記号やカタカナ、ひらがなを記入します。短期記憶の力を養います。

● 写す

　形を認識する力、論理性や心的回転の力を養います。以下の 3 つのトレーニングからなります。

点つなぎ

　見本（上）の絵を見ながら、下の絵に直線を追加して上の絵と同じになるように完成させます。基本的な図形の認識や、ひらがなをうまく書いたり、漢字を覚えるための視覚認知の基礎的な力を養います。

曲線つなぎ

　曲線で描かれた見本（上段）の絵を、中段・下段に破線で引かれた曲線をヒントに、なぞる、補うことで完成させます。ひらがななど、曲線からなる文字や図形を認知し、うまく書ける力を養います。

ゆれる点つなぎ

　「点つなぎ」と同様に、見本（上）の絵を見ながら、下の絵に直線を追加して上の絵と同じになるように完成させます。「点つなぎ」と異なる点は、下の絵の枠が左右に少しずつ回転しているところです。単に写すだけでなく、位置関係を考えながら写すことで、論理性や心的回転の力（頭の中でイメージをくるくると回転させる力）を養います。

● 見つける

　視覚情報を整理する力を養います。以下の 3 つのトレーニングからなります。

形さがし

　不規則に並んだ点群の中から、提示された形を構成する配列を探して線で結びます。黒板の内容を書き写したりする際に必要な、形の恒常性の力（大きさ、色、向きなどが変化しても同じものは同じと認知する力）を養います。

この影はどれ？

　提示された絵や影を見て、「この影はどれか？」、「この絵はどれか？」を考えます。図形問題に必要な、形の輪郭を見分ける力や形の恒常性の力を養います。

同じ絵はどれ？

　複数の絵の中からまったく同じ絵を2枚見つけます。複数の視覚情報の共通点・相違点を見つける力を養います。

● 想像する

　見えないものを想像する力を養います。次のトレーニングからなります。

スタンプ

　提示されたスタンプを紙に押したとき、どのような模様になるかを想像します。ある視覚情報から他の情報を想像するというトレーニングを通して、見えないものを想像する力を養います。

2. 本書の使い方

　本書の使い方は、次章で各課題別に説明しています。それぞれ課題シートのサンプルを提示して、〈ねらい〉、〈のびる力〉、〈課題〉、〈進め方〉、〈ここでつけたい力〉、〈指導のポイント〉、〈もっとチャレンジ〉の順に構成されています。解答は巻末にあります。

　本書は大きく４つのトレーニング（**数える、写す、見つける、想像する**）からなりますが、これらのうちいずれから始めても問題ありません。**数える**は「まとめる」、「記号さがし」、「あいう算」の順に、**写す**は「点つなぎ」、「曲線つなぎ」、「ゆれる点つなぎ」の順に、**見つける**は「形さがし」、「この影はどれ？」、「同じ絵はどれ？」の順に難易度が上がります。お子さんのやる気や能力に応じて柔軟に調整しましょう。こうでなければならないということはありません。ただし**想像する**は**写す、見つける**の力が基になりますので、それらの後にされることをお勧めします。

　本トレーニングは、ていねいに課題に取り組むことが最も大切ですので、時間を気にせず、ゆっくり取り組むよう指導しましょう。課題が１回でできない場合は３回くらいまでチャレンジさせ、３回とも間違えたら正解を示し、日をあけて再度取り組むことにしましょう。

　本書でお子さんが少し物足りなさを感じる場合や、さらにトレーニングさせてみたい場合には、次章「各トレーニングのやり方」の〈もっとチャレンジ〉にある課題をやってみましょう。

3. 付録 CD について

　本書の付録 CD には、右のページにある各トレーニングの課題シートが収録されています。シートは PDF 形式となっておりますので、Adobe Reader（無償）がインストールされているパソコンで開いて、プリントしてお使いください。

● ご利用上の注意

・本製品は CD-ROM です。CD-ROM 対応以外の機器では再生をしないようにご注意ください。再生方法については、各パソコンや再生ソフトのメーカーにお問い合わせください。

・ハードウェア、ソフトウェア環境等により正常に再生できないことがあります。この場合は各メーカーにお問い合わせください。

・PDF ファイルをご覧いただくには、Adobe Systems 社の Adobe Reader（無償）が必要になります。事前に Adobe Systems 社のサイトよりダウンロードください（Adobe® Reader® は Adobe Systems 社の米国およびその他の国における登録商標です）。

● 権利関係

・本 CD に収載されているトレーニングシートの著作権は、著作者ならびに株式会社三輪書店に帰属します。無断での転載、改変はこれを禁じます。

構成・編集：宮口幸治
作成協力：大上玲衣子，佐藤友紀，山影　薫

課題一覧

	大項目	小項目	内容	枚数	合計
数える	まとめる①	1～10	☆を3個ずつ囲みながら数える	10	50
		11～20	☆を4個ずつ囲みながら数える	10	
		21～30	☆を5個ずつ囲みながら数える	10	
	まとめる②	1～10	○と●がある中で○を3個ないしは4個ずつ囲みながら数える	10	
		11～20	○と●と◎がある中で◎を3個ないしは4個ずつ囲みながら数える	10	
	記号さがし①	1～20	🕐の数を数えながら✓する	20	60
	記号さがし②	1～20	🕐と🍃の数を数えながら✓する	20	
	記号さがし③	1～20	🕐の数を数えながら✓する。ただし左に🍃などがあれば数えず、✓もしない	20	
	あいう算①	1～10	計算の答えを記号に置き換え	10	30
	あいう算②	1～10	計算の答えをカタカナに置き換え	10	
	あいう算③	1～10	計算の答えをひらがなに置き換え	10	
写す	点つなぎ①	1～30	上の見本を写す。1シートに3課題	30	80
	点つなぎ②	1～30	上の見本を写す。1シートに2課題	30	
	点つなぎ③	1～20	上の見本を写す。1シートに1課題	20	
	曲線つなぎ①	1～20	上の見本を写す。1シートに4課題	20	40
	曲線つなぎ②	1～20	上の見本を写す。1シートに2課題	20	
	ゆれる点つなぎ	1～30	上の見本を写す。1シートに3課題	30	30
見つける	形さがし	1～30	点群の中から正方形や三角形、ひし形を見つける	30	30
	この影はどれ？①	1～15	見本の絵の影を4点の中から選ぶ	15	30
	この影はどれ？②	1～15	見本が何の影かを4点の中から選ぶ	15	
	同じ絵はどれ？①	1～20	4点の中から同じ絵を2点選ぶ	20	40
	同じ絵はどれ？②	1～20	6点の中から同じ絵を2点選ぶ	20	
想像する	スタンプ	1～30	見本はどの絵のスタンプか、4点の中から選ぶ	30	30

各トレーニングの
やり方

数える 　まとめる

ねらい 数感覚を養います。

のびる力 数を数えるのがはやくなる、繰り上がり・繰り下がり計算が得意になる、など。

課題 まとめる① 30枚、まとめる② 20枚

見本

コグトレ　**まとめる　① - 1**

年　月　日　名前（　　　　　　　　　　）

☆を3個ずつ〇でかこみながら、〇と☆の数を数えましょう。

〇は〔　　〕個　　☆は〔　　〕個

進め方

※ CD の中にある課題シートをプリントしてお使いください。

- 「まとめる①」では、☆を 3 個、4 個、または 5 個ずつ ◯ で囲み、◯ の数と☆の数を数え、（　　）の中に書きます。
- 「まとめる②」では、○や◎を 3 個、または 4 個ずつ ◯ で囲み、◯ の数と○や◎の数を数え、（　　）の中に書きます。

ここでつけたい力

- 数を数える際には、1 つずつ数える方法と、かたまり（量）として把握する方法があります。数感覚の基礎を養うため、◯ で囲むことで、対象をかたまり（量）としてまとめて見る力をつけていきます。
- 繰り上がり・繰り下がり計算の仕方を理解する際には、「7」と「3」や「6」と「4」のように、2 つの数字を足したり、分けたりして 10 をつくる「10 の合成と分解」の理解から始めます。この課題では、組み合わせて 10 となるかたまり（量）を見つける力をつけていきます。

指導のポイント

答え 32 ページ

- 時間を気にせず、ゆっくり確実に ◯ で囲むように促します。
- 「まとめる①」では、☆を 1 つずつ数えて ◯ で囲むよりも、決められた数の☆をかたまりで見つけてから ◯ をつけるよう伝えましょう。
- 「まとめる②」では、対象以外のものが混じっているため、より注意深く全体を見なければなりません。落ち着いて、よく見るように伝えましょう。

もっとチャレンジ

『コグトレ みる・きく・想像するための認知機能強化トレーニング』（三輪書店刊）の「数える」の中にある課題シート「まとめる –1〜10」を使ってみてください。

数える　記号さがし

ねらい	注意力や集中力、抑制力を養います。
のびる力	集中力がつく、うっかりミスが減る、など。
課　題	記号さがし① 20 枚、記号さがし② 20 枚、記号さがし③ 20 枚

見本

コグトレ **記号さがし　①-1**

年　月　日　名前(　　　　　　　　)

🍎 の数を数えながら、🍎 に ✔ をつけましょう。

🍎 は 〔　　　〕個

進め方

※ CD の中にある課題シートをプリントしてお使いください。

- 「記号さがし①」では ◯ の数を、「記号さがし②」では ◯ と ⋎ の数を数えながら、それぞれに✓をつけ、最後にそれらの数を下の（　　　）の中に書きます。
- 「記号さがし③」では、◯ の数を数えますが、◯ の左どなりに条件で示された果物があると数えず、✓もつけません。最後にその数を下の（　　　）の中に書きます。

ここでつけたい力

- 「記号さがし①」「記号さがし②」では、注意深く正確に対象を数えることで集中力をつけます。
- 「記号さがし③」では、ある条件ではブレーキをかけることで、刺激に対する抑制の力をつけます。これによりうっかりミスを減らす力を養います。

指導のポイント

答 え　32〜33 ページ

- ここでは、対象をより注意深く正確に数える練習を行います。おおよそ 5 分くらいを目安に、ていねいにやってもらいましょう。
- 答えが間違っていた場合、どこで間違ったのかに気づくよう確認させましょう。

もっとチャレンジ

『コグトレ みる・きく・想像するための認知機能強化トレーニング』（三輪書店刊）の「数える」の中にある課題シート「記号さがし①〜④」を使ってみてください。

数える	あいう算

ねらい	短期記憶の力を養います。
のびる力	解答の転記ミスが減る、うっかりミスが減る、など。
課　題	あいう算① 10 枚、あいう算② 10 枚、あいう算③ 10 枚

見本

コグトレ あいう算　①－1

年　月　日　名前（　　　　　　　　　　）

計算の答えと同じ数字の（　　）に、記号を入れましょう。

○	2＋2	●	1＋2	◎	5＋1
△	3＋3	▲	5＋0	⧌	2＋4
□	2＋5	■	7＋2	▣	1＋1
▽	3＋4	▼	3＋6	▽	8＋2
◇	2＋0	◆	2＋6	◈	0＋1

1（　　　）
2（　　　）（　　　　）
3（　　　）
4（　　　）
5（　　　）
6（　　　）（　　　　）（　　　　）
7（　　　）（　　　　）
8（　　　）
9（　　　）（　　　　）
10（　　　）

進め方

※CDの中にある課題シートをプリントしてお使いください。

まず上段の計算に答え、その横にある記号（「あいう算①」）、カタカナ（「あいう算②」）、ひらがな（「あいう算③」）を覚えます。次に下段から答えと同じ数字を選んで、その横の（　　　）の中に、対応する記号やカタカナ、ひらがなを書きます。

ここでつけたい力

- 学習や社会生活をするうえで必要となる、数秒の間覚えておく力（短期記憶）を養います。
- この力が鍛えられると、たとえばテストで問題を解いて、出た答えを解答欄に書き写す（転記する）ときに、写し間違いをしなくなります。

指導のポイント

答え　33～40ページ

- 時間制限はありませんので、ゆっくり確実にやるように促しましょう。
- 一通り終えた後、すべての（　　　）の中に答えが入らないときは、どこかで答えを間違えていますので、どこを間違えたか見直してもらいましょう。
- 覚えられないときは、最初は声に出しながら（「○は4」など）、下段の（　　　）に記入してもらってもいいでしょう。

もっとチャレンジ

『コグトレ　みる・きく・想像するための認知機能強化トレーニング』（三輪書店刊）の「数える」の中にある課題シート「あいう算 –1～10」を使ってみてください。

15

写す　点つなぎ

ねらい	見本を正確に写すといった、視覚認知の基礎力を養います。
のびる力	ひらがな、漢字を覚える、簡単な図形を描き写す、など。
課題	点つなぎ① 30枚、点つなぎ② 30枚、点つなぎ③ 20枚

見本

^{コグ}_{トレ} **点つなぎ　①-1**

　　　　　　　　　　　　　　　年　月　日　名前（　　　　　　　　　）

上の絵と同じように ✕ をつないで下に写しましょう。

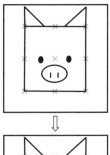 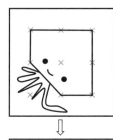 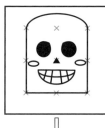

進め方

※ CD の中にある課題シートをプリントしてお使い
ください。

上段の見本を見ながら、下段に、定規などを使わずに線を引いて、下段の絵が
見本と同じ絵になるようにします。

ここでつけたい力

• ひらがなが正確に書けない、漢字が覚えられないことには、文字の形態を認
識する力が弱いことも関係しています。ここでは、まず文字よりも基礎的な
形を認識できる力を養い、文字を書く力につなげます。

• 文字を書く際には、まっすぐ線を引く力も必要です。手先の微細運動、視覚
と手先の運動との協応の力も養います。

指導のポイント

※この課題には解答シート（答え）はございません。

• 定規を使いたがる子どももいますが、フリーハンドで直線を引く力をつける
ことも目的としていますので、定規はできるだけ使わないように伝えましょ
う。

• 最初はまっすぐ線が引けなくても、正しい×と×をつなごうとしていること
がわかれば正解としましょう。

もっとチャレンジ

『コグトレ みる・きく・想像するための認知機能強化トレーニング』（三輪書店
刊）の「写す」の中にある課題シート「点つなぎ①～③」を使ってみてくださ
い。

17

写す　曲線つなぎ

ねらい	曲線からなる文字や図形を認知する力を養います。
のびる力	ひらがなをうまく書く、曲線をうまく引く、など。
課題	曲線つなぎ① 20 枚、曲線つなぎ② 20 枚

見本

曲線つなぎ ①-1

年　月　日　名前（　　　　　　　）

一番上の絵と同じ絵になるよう、真ん中と一番下に写しましょう。

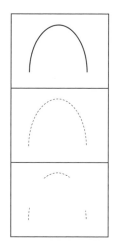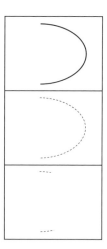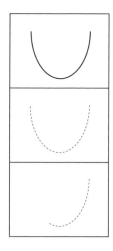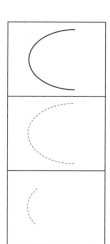

進め方

※ CD の中にある課題シートをプリントしてお使いください。

上段の見本を中段、下段にフリーハンドで写します。中段は破線をなぞる、下段は破線が抜けているところを補って同じように写していきます。

ここでつけたい力

- ひらがなは、ほとんどが曲線からなっており、曲線がうまく引けないと、ひらがなもうまく書けません。また円などの図形を描いたりするのにも曲線を引く力が必要です。そのためには、まず曲線がどのようなものか、認知できていないとなりません。ここでは曲線の含まれた文字や図形を認知する力を養います。
- 「点つなぎ」と同様に、手先の微細運動、視覚と手先の運動の協応も養います。

指導のポイント

※この課題には解答シート（答え）はございません。

- 破線を手がかりに、ゆっくりと、ていねいに模写してもらいましょう。
- 下段がまだ難しければ、中段の破線をなぞるだけでもいいでしょう。

もっとチャレンジ

『コグトレ みる・きく・想像するための認知機能強化トレーニング』（三輪書店刊）の「写す」の中にある課題シート「曲線つなぎ①〜③」を使ってみてください。

写す ゆれる点つなぎ

ねらい	論理性や心的回転の力を養います。
のびる力	写し間違いが減る、など。
課題	ゆれる点つなぎ 30 枚

見本

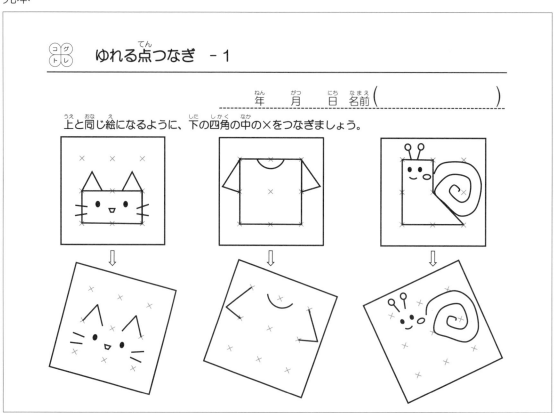

進め方

※ CD の中にある課題シートをプリントしてお使いください。

上段の見本を見ながら、下段に、定規などを使わずに線を引いて、下段の絵が見本と同じ絵になるようにします。

ここでつけたい力

- 下の四角形が左右に回転しているので、「点つなぎ」や「曲線つなぎ」のように単に写すだけでなく、位置関係の理解も必要とされます。線や×の位置関係を考えながら写すことで、論理性を養います。
- 頭の中でイメージを回転させる心的回転の力も養います。この力は、地図を読みながら目的地に向かう際にも必要な力です。

指導のポイント

答え 41〜48 ページ

- 課題が進むにつれ、下段の解答欄の四角形の回転角度が大きくなってきます。四角形の、かどの位置を見て、右回りか左回りか、そしてどのくらい回転しているのかを先に考えてもらいましょう。
- 難しければ課題シートを回転させてみましょう。

もっとチャレンジ

『コグトレ みる・きく・想像するための認知機能強化トレーニング』（三輪書店刊）の「写す」の中にある課題シート「くるくる星座 -1〜15」を使ってみてください。

見つける 形さがし

ねらい ある特定の形を見つける力を養います。

のびる力 黒板の内容を書き写す、形をしっかり読みとる、など。

課題 形さがし 30枚

見本

コグトレ 形さがし －1

年 月 日 名前（　　　　　　　　　　　）

下の枠の中に　　　　　が3組あります。それらを見つけて

　　　　のように線でむすびましょう。

進め方

※ CD の中にある課題シートをプリントしてお使い
　ください。

- 上に示された点の配列を、下の点群の中から探し出し、線で結びます。
- 対象となる配列がいくつあるかは問題に書いてありますので、それらがすべ
  て見つかるまで探してみましょう。

ここでつけたい力

- 黒板の内容を書き写せない子どもは、図形や文字などの形の輪郭を認識する
  力が弱いことがあります。そこでここでは、不規則に並んだ点の中から同じ
  形を見つけ出すことで、形の恒常性の力を養います。この力がつくと、大き
  さ、色、向きなどが変化しても、同じものは同じと認知できるようになりま
  す。
- また、対象を部分ではなく、全体でとらえるトレーニングにもなります。

指導のポイント

答　え　49〜56 ページ

- わかりやすい箇所から結んでいきましょう。線を結んでいけば、見つけるの
  はより容易になりますので、落ち着いて、ていねいに取り組んでもらいま
  しょう。
- 形が似ている配列もありますので、完全に同じものを探してもらいましょう。

もっとチャレンジ

『コグトレ　みる・きく・想像するための認知機能強化トレーニング』（三輪書店
刊）の「見つける」の中にある課題シート「形さがし -1〜20」を使ってみて
ください。

23

見つける　この影はどれ？

- **ねらい**　共通した形の輪郭を見つける力、形の恒常性の力を養います。
- **のびる力**　図形問題が得意になる、形をしっかり読みとる、など。
- **課　題**　この影はどれ？① 15 枚、この影はどれ？② 15 枚

見本

コグトレ　この影はどれ？　①-1

年　月　日　名前（　　　　　　　　）

この絵をみて、どんな影ができるか当ててください。
下の①〜④から選びましょう。

答え　[　　]

①

②

③

④

進め方

※ CD の中にある課題シートをプリントしてお使い
ください。

上の絵がどんな影になるか（「この影はどれ？①」）、もしくは上の影はどんな絵
の影か（「この影はどれ？②」）、下の①～④の中から選んで、（　　　）の中に
番号を書きます。

ここでつけたい力

図形問題が苦手な子どもは、形の輪郭を認識する力が弱いことがあります。こ
こでは絵から影を見つける、影から絵を見つけるというトレーニングを通し
て、形の輪郭を見わける力、形の恒常性の力を養います。

指導のポイント

答 え 56 ページ

• 形の輪郭だけを見て、さがすように伝えましょう。
• どうしてもわからなければ、「この影はどれ？①」「この影はどれ？②」とも、
　絵を黒くぬってみましょう。

もっとチャレンジ

『コグトレ みる・きく・想像するための認知機能強化トレーニング』（三輪書店
刊）の「見つける」の中にある課題シート「黒ぬり図形 -1～10」を使ってみ
てください。

見つける 同じ絵はどれ？

ねらい	視覚情報から複数の対象の共通点・相違点を見つける力、観察力を養います。
のびる力	視覚的な見落としが減る、など。
課題	同じ絵はどれ？① 20枚、同じ絵はどれ？② 20枚

見本

同じ絵はどれ？ ①-1

年　　月　　日　名前（　　　　　　　　　）

下の4枚の絵の中に、全く同じ絵が2枚あります。その2枚を探して下の [ ] に番号を書きましょう。

① 　②

③ 　④

同じ絵は [　 と 　]

進め方

※CD の中にある課題シートをプリントしてお使い
　ください。

「同じ絵はどれ？①」では4枚の中から、「同じ絵はどれ？②」では6枚の中か
らまったく同じ絵を2枚見つけ、[　　　]の中に番号を書きます。

ここでつけたい力

- 複数の絵の中から違いを探すことで、視覚情報の中から複数の対象の共通点
　や相違点を見つける力を養います。
- じっくりと注意深く対象物を見る、観察する力を養います。

指導のポイント

答え　57～66ページ

- 2枚の絵を比べて、違いを1つ見つけたら、どちらの絵が他の絵と共通して
　いるかを考えさせるといいでしょう。
- 他の絵との違いを○で囲んでいくと、候補を減らすことができ、より見つけ
　やすくなります。

もっとチャレンジ

『コグトレ みる・きく・想像するための認知機能強化トレーニング』（三輪書店
刊）の「みつける」の中にある課題シート「同じ絵はどれ？ -1～10」を使っ
てみてください。

27

想像する スタンプ

ねらい	見えないものを想像する力を養います。
のびる力	想像力がつく、など。
課題	スタンプ30枚

見本

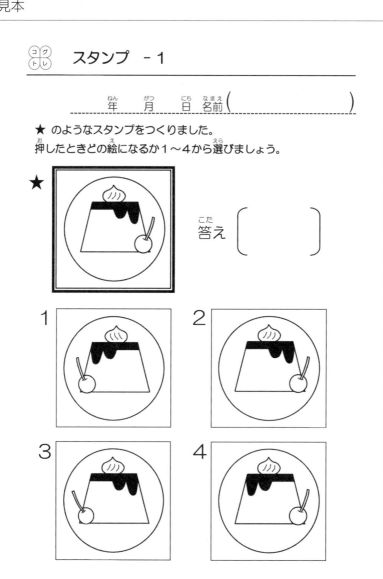

進め方

※ CD の中にある課題シートをプリントしてお使い
　ください。

上に示されたスタンプ★を紙に押したとき、どんな模様になるかを下の 1〜4
の中から選んで、（　　　）の中に番号を書きます。

ここでつけたい力

• スタンプを押せばどうなるかを考えることで、イメージする力を養います。
• ある視覚情報から他の情報を想像するトレーニングを通して、見えないもの
　を想像する力を養います。

指導のポイント

答　え 67 ページ

• スタンプは元の図★の鏡像になります。わかりにくければ実際に鏡を★の横
　に置いて確認させましょう。
• 明らかに違うもの（★とまったく同じものや、★にないものがあるなど）を
　先に除外して候補を減らすとわかりやすくなります。

もっとチャレンジ

『コグトレ　みる・きく・想像するための認知機能強化トレーニング』（三輪書店
刊）の「見つける」の中にある課題シート「スタンプ①」「スタンプ②」を使っ
てみてください。

数える

まとめる①

1	○: 3	☆:	9
2	○: 3	☆:	11
3	○: 4	☆:	12
4	○: 4	☆:	14
5	○: 5	☆:	15
6	○: 5	☆:	16
7	○: 6	☆:	18
8	○: 5	☆:	16
9	○: 6	☆:	19
10	○: 6	☆:	19
11	○: 3	☆:	12
12	○: 3	☆:	12
13	○: 3	☆:	13
14	○: 4	☆:	16
15	○: 3	☆:	15
16	○: 4	☆:	16
17	○: 4	☆:	17
18	○: 4	☆:	17
19	○: 4	☆:	19
20	○: 4	☆:	19
21	○: 2	☆:	10
22	○: 2	☆:	11
23	○: 2	☆:	13
24	○: 3	☆:	15
25	○: 3	☆:	15
26	○: 3	☆:	16
27	○: 3	☆:	17
28	○: 3	☆:	17
29	○: 3	☆:	19
30	○: 3	☆:	19

まとめる②

1	○: 3	○:	9
2	○: 4	○:	12
3	○: 4	○:	12
4	○: 4	○:	13
5	○: 5	○:	16
6	○: 2	○:	10
7	○: 2	○:	11
8	○: 3	○:	15
9	○: 3	○:	15
10	○: 5	○:	20
11	○: 2	◎:	6
12	○: 3	◎:	9
13	○: 3	◎:	11
14	○: 4	◎:	12
15	○: 4	◎:	13
16	○: 2	◎:	8
17	○: 3	◎:	12
18	○: 3	◎:	14
19	○: 3	◎:	15
20	○: 4	◎:	16

記号さがし①

1	: 7
2	: 6
3	: 7
4	: 8
5	: 6
6	: 10
7	: 10
8	: 9
9	: 9
10	: 12
11	: 7
12	: 6
13	: 7
14	: 8
15	: 6
16	: 10
17	: 10
18	: 9
19	: 9
20	: 12

記号さがし②

1	: 7	: 5
2	: 8	: 6
3	: 6	: 4
4	: 7	: 6

5	🍎	:	8	🌱	:	5
6	🍎	:	10	🌱	:	9
7	🍎	:	8	🌱	:	9
8	🍎	:	9	🌱	:	10
9	🍎	:	9	🌱	:	9
10	🍎	:	10	🌱	:	9
11	🍎	:	7	🌱	:	5
12	🍎	:	8	🌱	:	6
13	🍎	:	6	🌱	:	4
14	🍎	:	7	🌱	:	6
15	🍎	:	8	🌱	:	5
16	🍎	:	10	🌱	:	9
17	🍎	:	9	🌱	:	8
18	🍎	:	9	🌱	:	10
19	🍎	:	10	🌱	:	10
20	🍎	:	9	🌱	:	10

記号さがし③

1	🍎	:	5
2	🍎	:	6

3	🍎	:	5
4	🍎	:	7
5	🍎	:	7
6	🍎	:	8
7	🍎	:	7
8	🍎	:	9
9	🍎	:	8
10	🍎	:	8
11	🍎	:	6
12	🍎	:	6
13	🍎	:	4
14	🍎	:	5
15	🍎	:	4
16	🍎	:	7
17	🍎	:	7
18	🍎	:	8
19	🍎	:	7
20	🍎	:	7

あいう算①

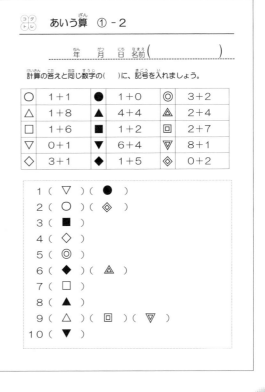

あいう算 ①-3

計算の答えと同じ数字の( )に、記号を入れましょう。

○	3+0	●	2+4	◎	1+0
△	4+6	▲	5+2	◬	2+7
□	2+6	■	0+1	▣	2+8
▽	2+2	▼	3+1	▽̄	2+1
◇	2+3	◆	1+1	◈	5+1

1 (■)(◎)
2 (◆)
3 (○)(▽̄)
4 (▽)(▼)
5 (◇)
6 (●)(◈)
7 (▲)
8 (□)
9 (◬)
10 (△)(▣)

あいう算 ①-4

計算の答えと同じ数字の( )に、記号を入れましょう。

○	3+1	●	0+1	◎	1+4
△	3+4	▲	2+5	◬	2+7
□	4+4	■	3+3	▣	2+4
▽	6+4	▼	1+8	▽̄	1+1
◇	2+1	◆	1+2	◈	0+3

1 (●)
2 (▽̄)
3 (◇)(◆)(◈)
4 (○)
5 (◎)
6 (■)(▣)
7 (△)(▲)
8 (□)
9 (▼)(◬)
10 (▽)

あいう算 ①-5

計算の答えと同じ数字の( )に、記号を入れましょう。

○	3+1	●	1+1	◎	3+6
△	1+2	▲	2+5	◬	3+3
□	2+4	■	1+9	▣	2+1
▽	1+0	▼	4+5	▽̄	2+3
◇	5+3	◆	2+7	◈	1+8

1 (▽)
2 (●)
3 (△)(▣)
4 (○)
5 (▽̄)
6 (□)(◬)
7 (▲)
8 (◇)
9 (▼)(◆)(◎)(◈)
10 (■)

あいう算 ①-6

計算の答えと同じ数字の( )に、記号を入れましょう。

○	2+2	●	9+1	◎	3+3
△	2+1	▲	1+7	◬	3+2
□	1+3	■	4+2	▣	3+0
▽	3+6	▼	1+2	▽̄	0+1
◇	2+5	◆	2+0	◈	2+7

1 (▽̄)
2 (◆)
3 (△)(▼)(▣)
4 (○)(□)
5 (◬)
6 (■)(◎)
7 (◇)
8 (▲)
9 (▽)(◈)
10 (●)

あいう算 ①-7

年 月 日 名前（ 　　　　　　 ）

計算の答えと同じ数字の（ ）に、記号を入れましょう。

○	4+4	●	2+8	◎	1+3
△	7+2	▲	1+1	◬	2+5
□	1+0	■	6+2	回	3+1
▽	0+1	▼	3+4	▽	4+1
◇	3+3	◆	2+1	◈	2+2

1（ □ ）（ ▽ ）
2（ ▲ ）
3（ ◆ ）
4（ ◎ ）（ 回 ）（ ◈ ）
5（ ▽ ）
6（ ◇ ）
7（ ▼ ）（ ◬ ）
8（ ○ ）（ ■ ）
9（ △ ）
10（ ● ）

あいう算 ①-8

年 月 日 名前（ 　　　　　　 ）

計算の答えと同じ数字の（ ）に、記号を入れましょう。

○	5+1	●	1+6	◎	4+6
△	1+1	▲	3+3	◬	1+5
□	3+7	■	7+2	回	3+4
▽	3+1	▼	3+0	▽	2+6
◇	2+4	◆	1+0	◈	4+1

1（ ◆ ）
2（ △ ）
3（ ▼ ）
4（ ▽ ）
5（ ◈ ）
6（ ○ ）（ ◇ ）（ ▲ ）（ ◬ ）
7（ ● ）（ 回 ）
8（ ▽ ）
9（ ■ ）
10（ □ ）（ ◎ ）

あいう算 ①-9

年 月 日 名前（ 　　　　　　 ）

計算の答えと同じ数字の（ ）に、記号を入れましょう。

○	3+0	●	1+0	◎	5+2
△	2+3	▲	5+4	◬	4+6
□	2+1	■	7+0	回	1+2
▽	7+2	▼	0+2	▽	3+5
◇	1+3	◆	3+4	◈	5+1

1（ ● ）
2（ ▼ ）
3（ ○ ）（ □ ）（ 回 ）
4（ ◇ ）
5（ △ ）
6（ ◈ ）
7（ ■ ）（ ◆ ）（ ◎ ）
8（ ▽ ）
9（ ▽ ）（ ▲ ）
10（ ◬ ）

あいう算 ①-10

年 月 日 名前（ 　　　　　　 ）

計算の答えと同じ数字の（ ）に、記号を入れましょう。

○	3+1	●	2+4	◎	2+8
△	3+2	▲	3+5	◬	3+3
□	2+7	■	1+0	回	2+6
▽	0+2	▼	3+6	▽	5+1
◇	7+3	◆	2+5	◈	2+1

1（ ■ ）
2（ ▽ ）
3（ ◈ ）
4（ ○ ）
5（ △ ）
6（ ● ）（ ◬ ）（ ▽ ）
7（ ◆ ）
8（ ▲ ）（ 回 ）
9（ □ ）（ ▼ ）
10（ ◇ ）（ ◎ ）

あいう算②

コグトレ あいう算 ②-1

年 月 日 名前(　　　　　　　　　)

計算の答えと同じ数字の(　)に、「ア〜ソ」を入れましょう。

ア	1＋0	カ	1＋3	サ	2＋5
イ	1＋2	キ	0＋1	シ	3＋5
ウ	2＋3	ク	2＋4	ス	5＋4
エ	5＋2	ケ	2＋0	セ	9＋1
オ	4＋5	コ	1＋5	ソ	8＋1

1（ ア ）（ キ ）
2（ ケ ）
3（ イ ）
4（ カ ）
5（ ウ ）
6（ ク ）（ コ ）
7（ エ ）（ サ ）
8（ シ ）
9（ オ ）（ ス ）（ ソ ）
10（ セ ）

コグトレ あいう算 ②-2

年 月 日 名前(　　　　　　　　　)

計算の答えと同じ数字の(　)に、「ア〜ソ」を入れましょう。

ア	1＋0	カ	1＋1	サ	4＋5
イ	2＋1	キ	2＋2	シ	7＋3
ウ	4＋1	ク	6＋4	ス	4＋2
エ	5＋4	ケ	3＋4	セ	5＋2
オ	2＋6	コ	8＋2	ソ	6＋3

1（ ア ）
2（ カ ）
3（ イ ）
4（ キ ）
5（ ウ ）
6（ ス ）
7（ ケ ）（ セ ）
8（ オ ）
9（ エ ）（ サ ）（ ソ ）
10（ ク ）（ コ ）（ シ ）

コグトレ あいう算 ②-3

年 月 日 名前(　　　　　　　　　)

計算の答えと同じ数字の(　)に、「ア〜ソ」を入れましょう。

ア	1＋3	カ	1＋0	サ	1＋9
イ	3＋3	キ	3＋5	シ	0＋3
ウ	2＋1	ク	1＋1	ス	5＋5
エ	4＋5	ケ	2＋5	セ	3＋2
オ	7＋3	コ	3＋6	ソ	1＋5

1（ カ ）
2（ ク ）
3（ ウ ）（ シ ）
4（ ア ）
5（ セ ）
6（ イ ）（ ソ ）
7（ ケ ）
8（ キ ）
9（ エ ）（ コ ）
10（ オ ）（ サ ）（ ス ）

コグトレ あいう算 ②-4

年 月 日 名前(　　　　　　　　　)

計算の答えと同じ数字の(　)に、「ア〜ソ」を入れましょう。

ア	1＋1	カ	2＋1	サ	3＋5
イ	0＋1	キ	3＋3	シ	2＋8
ウ	3＋1	ク	2＋0	ス	2＋7
エ	2＋5	ケ	3＋4	セ	5＋2
オ	1＋4	コ	3＋6	ソ	7＋3

1（ イ ）
2（ ア ）（ ク ）
3（ カ ）
4（ ウ ）
5（ オ ）
6（ キ ）
7（ エ ）（ ケ ）（ セ ）
8（ サ ）
9（ コ ）（ ス ）
10（ シ ）（ ソ ）

36

あいう算 ②-5

年 月 日 名前 (　　　　　　　　)

計算の答えと同じ数字の(　)に、「ア〜ソ」を入れましょう。

ア	4+1	カ	9+1	サ	4+4
イ	3+4	キ	4+2	シ	1+2
ウ	2+2	ク	1+4	ス	1+0
エ	3+2	ケ	4+3	セ	2+3
オ	3+6	コ	1+9	ソ	2+0

1 (ス)
2 (ソ)
3 (シ)
4 (ウ)
5 (ア)(エ)(ク)(セ)
6 (キ)
7 (イ)(ケ)
8 (サ)
9 (オ)
10 (カ)(コ)

あいう算 ②-6

年 月 日 名前 (　　　　　　　　)

計算の答えと同じ数字の(　)に、「ア〜ソ」を入れましょう。

ア	1+1	カ	3+1	サ	3+5
イ	1+3	キ	6+2	シ	4+1
ウ	1+6	ク	4+2	ス	8+2
エ	3+6	ケ	0+3	セ	3+4
オ	0+1	コ	2+2	ソ	5+3

1 (オ)
2 (ア)
3 (ケ)
4 (イ)(カ)(コ)
5 (シ)
6 (ク)
7 (ウ)(セ)
8 (キ)(サ)(ソ)
9 (エ)
10 (ス)

あいう算 ②-7

年 月 日 名前 (　　　　　　　　)

計算の答えと同じ数字の(　)に、「ア〜ソ」を入れましょう。

ア	1+1	カ	0+1	サ	3+6
イ	2+2	キ	3+2	シ	3+5
ウ	4+2	ク	2+1	ス	2+7
エ	1+2	ケ	3+4	セ	5+2
オ	2+6	コ	9+1	ソ	5+3

1 (カ)
2 (ア)
3 (エ)(ク)
4 (イ)
5 (キ)
6 (ウ)
7 (ケ)(セ)
8 (オ)(シ)(ソ)
9 (サ)(ス)
10 (コ)

あいう算 ②-8

年 月 日 名前 (　　　　　　　　)

計算の答えと同じ数字の(　)に、「ア〜ソ」を入れましょう。

ア	1+1	カ	2+1	サ	3+6
イ	1+4	キ	4+2	シ	2+5
ウ	6+1	ク	2+2	ス	4+6
エ	1+2	ケ	2+6	セ	4+1
オ	1+0	コ	1+9	ソ	0+3

1 (オ)
2 (ア)
3 (エ)(カ)(ソ)
4 (ク)
5 (イ)(セ)
6 (キ)
7 (ウ)(シ)
8 (ケ)
9 (サ)
10 (コ)(ス)

37

あいう算 ②-9

年　月　日　名前（　　　　　　　　）

計算の答えと同じ数字の(　)に、「ア～ソ」を入れましょう。

ア	1+1	カ	2+1	サ	5+5
イ	3+1	キ	0+1	シ	2+5
ウ	2+4	ク	1+4	ス	4+6
エ	3+5	ケ	8+2	セ	3+4
オ	1+0	コ	8+1	ソ	3+7

1（ オ ）（ キ ）
2（ ア ）
3（ カ ）
4（ イ ）
5（ ク ）
6（ ウ ）
7（ シ ）（ セ ）
8（ エ ）
9（ コ ）
10（ ケ ）（ サ ）（ ス ）（ ソ ）

あいう算 ②-10

年　月　日　名前（　　　　　　　　）

計算の答えと同じ数字の(　)に、「ア～ソ」を入れましょう。

ア	1+1	カ	9+0	サ	0+5
イ	2+2	キ	3+4	シ	3+6
ウ	4+2	ク	2+1	ス	3+2
エ	3+5	ケ	2+3	セ	8+1
オ	3+7	コ	1+8	ソ	1+0

1（ ソ ）
2（ ア ）
3（ ク ）
4（ イ ）
5（ ケ ）（ サ ）（ ス ）
6（ ウ ）
7（ キ ）
8（ エ ）
9（ カ ）（ コ ）（ シ ）（ セ ）
10（ オ ）

あいう算③

あいう算 ③-1

年　月　日　名前（　　　　　　　　）

計算の答えと同じ数字の(　)に、「あ～そ」を入れましょう。

あ	3+5	か	1+1	さ	3+3
い	4+2	き	5+4	し	5+5
う	1+4	く	2+2	す	2+1
え	5+2	け	3+4	せ	3+1
お	6+3	こ	5+1	そ	0+1

1（ そ ）
2（ か ）
3（ す ）
4（ く ）（ せ ）
5（ う ）
6（ い ）（ こ ）（ さ ）
7（ え ）（ け ）
8（ あ ）
9（ お ）（ き ）
10（ し ）

あいう算 ③-2

年　月　日　名前（　　　　　　　　）

計算の答えと同じ数字の(　)に、「あ～そ」を入れましょう。

あ	1+0	か	1+1	さ	2+5
い	2+1	き	2+3	し	1+6
う	2+7	く	1+2	す	3+6
え	1+3	け	2+6	せ	9+1
お	3+3	こ	2+2	そ	0+9

1（ あ ）
2（ か ）
3（ い ）（ く ）
4（ え ）（ こ ）
5（ き ）
6（ お ）
7（ さ ）（ し ）
8（ け ）
9（ う ）（ す ）（ そ ）
10（ せ ）

あいう算 ③-3

年　月　日　名前（　　　　　　　）

計算の答えと同じ数字の（　）に、「あ〜そ」を入れましょう。

あ	1＋0	か	2＋4	さ	2＋7
い	2＋2	き	3＋4	し	3＋3
う	1＋9	く	3＋6	す	1＋7
え	3＋2	け	2＋0	せ	3＋7
お	1＋2	こ	5＋1	そ	4＋2

1（　あ　）
2（　け　）
3（　お　）
4（　い　）
5（　え　）
6（　か　）（　こ　）（　し　）（　そ　）
7（　き　）
8（　す　）
9（　く　）（　さ　）
10（　う　）（　せ　）

あいう算 ③-4

年　月　日　名前（　　　　　　　）

計算の答えと同じ数字の（　）に、「あ〜そ」を入れましょう。

あ	1＋1	か	1＋5	さ	6＋3
い	1＋3	き	2＋5	し	2＋1
う	3＋5	く	1＋0	す	8＋1
え	2＋3	け	4＋6	せ	2＋2
お	3＋3	こ	5＋1	そ	3＋6

1（　く　）
2（　あ　）
3（　し　）
4（　い　）（　せ　）
5（　え　）
6（　お　）（　か　）（　こ　）
7（　き　）
8（　う　）
9（　さ　）（　す　）（　そ　）
10（　け　）

あいう算 ③-5

年　月　日　名前（　　　　　　　）

計算の答えと同じ数字の（　）に、「あ〜そ」を入れましょう。

あ	1＋0	か	1＋1	さ	1＋7
い	2＋2	き	0＋1	し	2＋0
う	5＋2	く	4＋2	す	3＋3
え	1＋2	け	4＋5	せ	2＋5
お	4＋6	こ	2＋3	そ	3＋6

1（　あ　）（　き　）
2（　か　）（　し　）
3（　え　）
4（　い　）
5（　こ　）
6（　く　）（　す　）
7（　う　）（　せ　）
8（　さ　）
9（　け　）（　そ　）
10（　お　）

あいう算 ③-6

年　月　日　名前（　　　　　　　）

計算の答えと同じ数字の（　）に、「あ〜そ」を入れましょう。

あ	2＋2	か	1＋0	さ	2＋3
い	1＋1	き	2＋1	し	3＋7
う	3＋4	く	4＋3	す	3＋3
え	2＋7	け	3＋1	せ	2＋5
お	1＋5	こ	4＋4	そ	5＋1

1（　か　）
2（　い　）
3（　き　）
4（　あ　）（　け　）
5（　さ　）
6（　お　）（　す　）（　そ　）
7（　う　）（　く　）（　せ　）
8（　こ　）
9（　え　）
10（　し　）

あいう算 ③-7

年 月 日 名前（　　　　　　　　）

計算の答えと同じ数字の(　)に、「あ～そ」を入れましょう。

あ	1＋3	か	2＋0	さ	1＋2
い	0＋1	き	5＋0	し	2＋5
う	1＋5	く	3＋6	す	5＋3
え	4＋4	け	3＋4	せ	9＋1
お	3＋1	こ	1＋1	そ	7＋1

1（い）
2（か）（こ）
3（さ）
4（あ）（お）
5（き）
6（う）
7（け）（し）
8（え）（す）（そ）
9（く）
10（せ）

あいう算 ③-8

年 月 日 名前（　　　　　　　　）

計算の答えと同じ数字の(　)に、「あ～そ」を入れましょう。

あ	1＋2	か	9＋1	さ	2＋3
い	4＋2	き	2＋4	し	1＋1
う	3＋5	く	3＋4	す	8＋1
え	1＋5	け	0＋4	せ	2＋5
お	6＋3	こ	0＋1	そ	4＋5

1（こ）
2（し）
3（あ）
4（け）
5（さ）
6（い）（え）（き）
7（く）（せ）
8（う）
9（お）（す）（そ）
10（か）

あいう算 ③-9

年 月 日 名前（　　　　　　　　）

計算の答えと同じ数字の(　)に、「あ～そ」を入れましょう。

あ	1＋0	か	1＋5	さ	1＋7
い	3＋2	き	2＋1	し	8＋2
う	3＋4	く	3＋3	す	1＋1
え	4＋5	け	0＋4	せ	3＋7
お	1＋3	こ	4＋2	そ	2＋4

1（あ）
2（す）
3（き）
4（お）（け）
5（い）
6（か）（く）（こ）（そ）
7（う）
8（さ）
9（え）
10（し）（せ）

あいう算 ③-10

年 月 日 名前（　　　　　　　　）

計算の答えと同じ数字の(　)に、「あ～そ」を入れましょう。

あ	3＋0	か	7＋2	さ	4＋6
い	2＋3	き	5＋2	し	2＋6
う	1＋0	く	2＋0	す	1＋1
え	4＋3	け	2＋4	せ	3＋6
お	6＋3	こ	2＋7	そ	3＋1

1（う）
2（く）（す）
3（あ）
4（そ）
5（い）
6（け）
7（え）（き）
8（し）
9（お）（か）（こ）（せ）
10（さ）

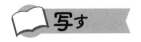
ゆれる点つなぎ

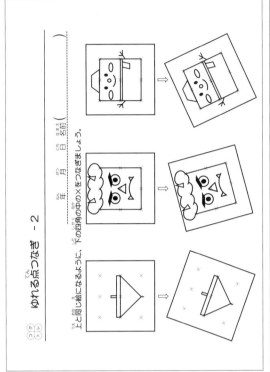
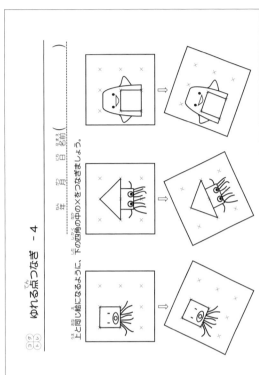
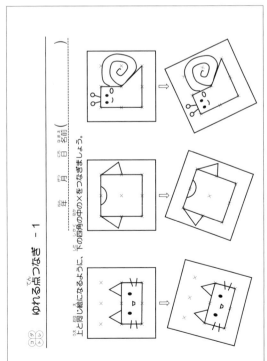
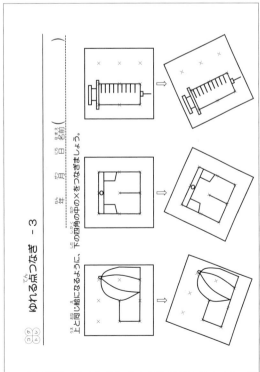

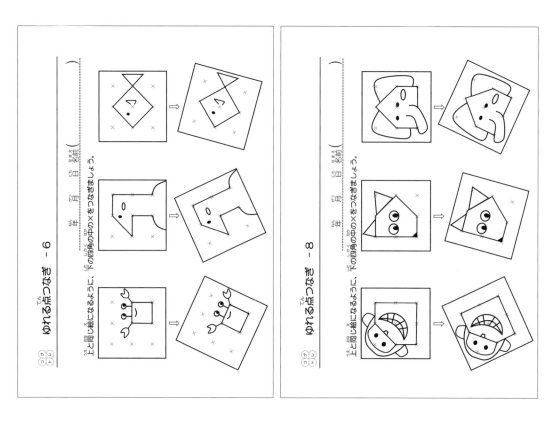
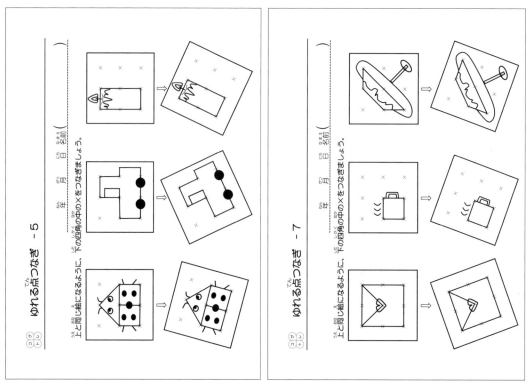

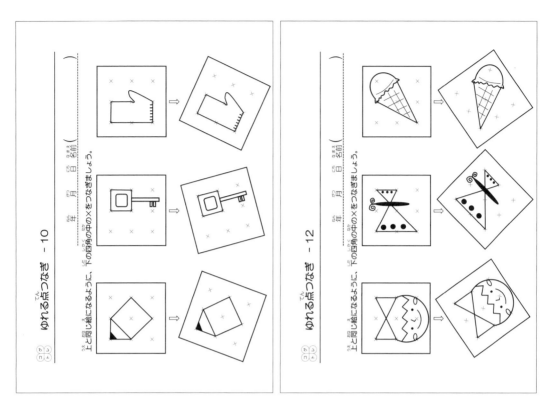
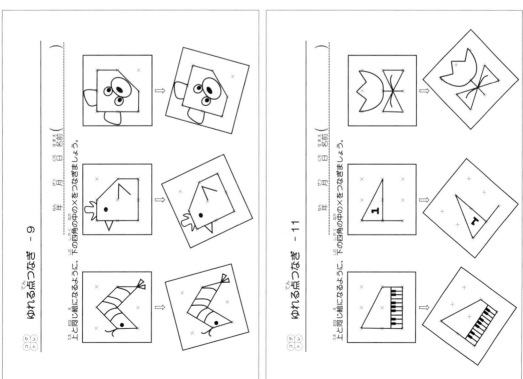

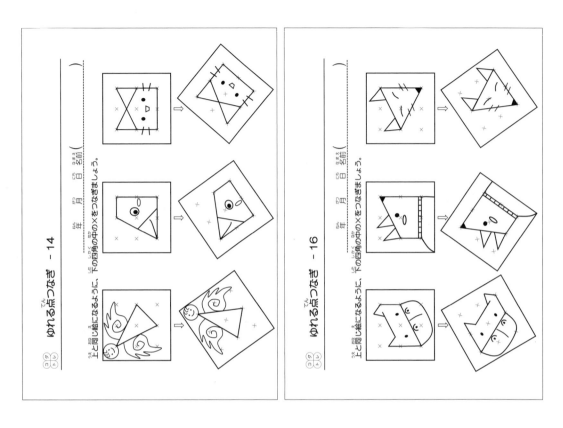
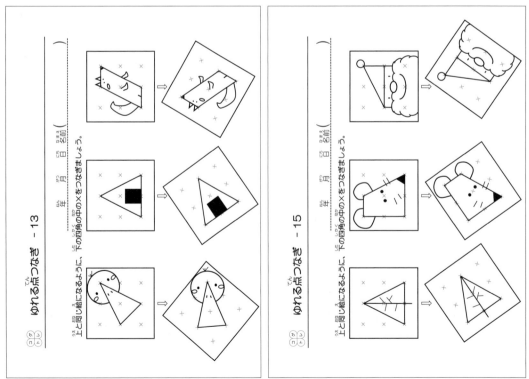

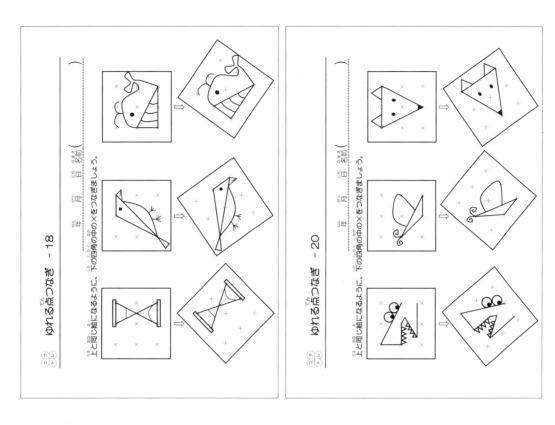
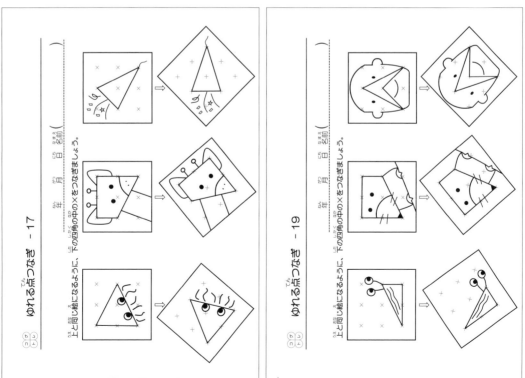

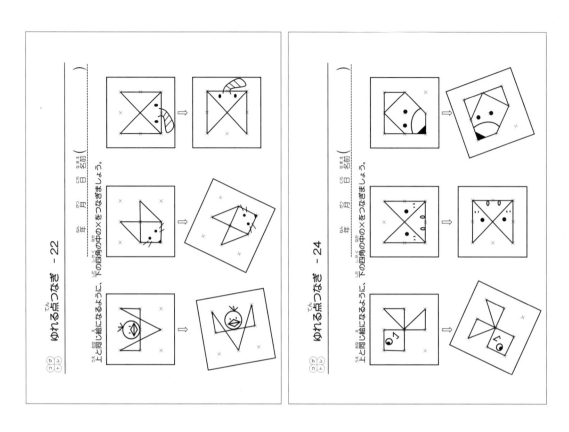
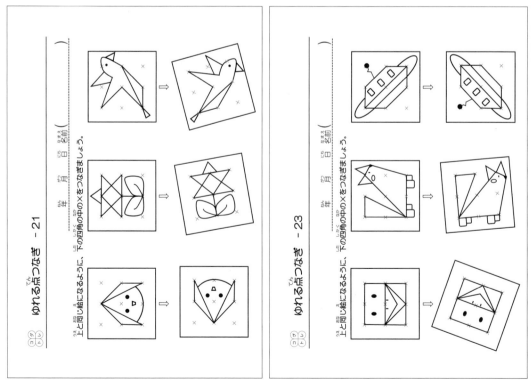

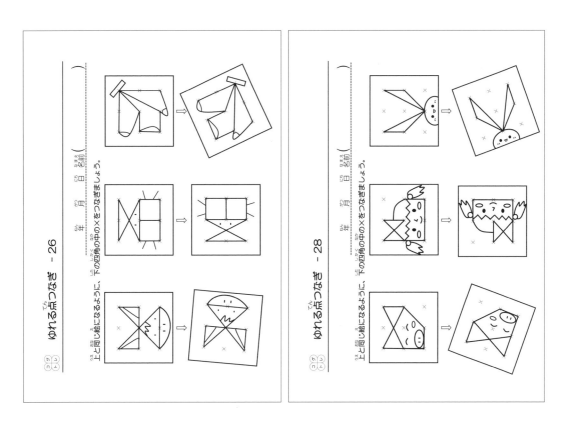
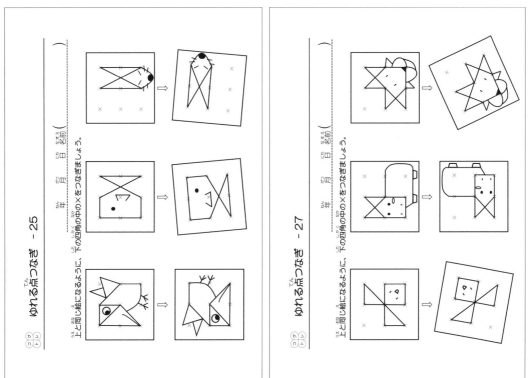

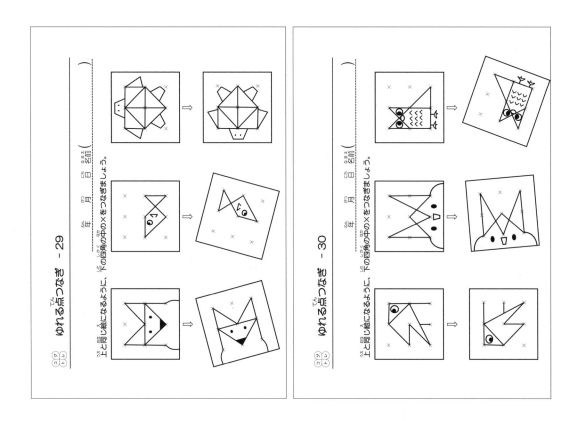

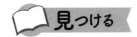

形さがし

形さがし － 1

_年_ _月_ _日_ 名前( )

下の枠の中に ⸪ が3組あります。それらを見つけて □ のように線でむすびましょう。

形さがし － 2

_年_ _月_ _日_ 名前( )

下の枠の中に ⸪ が3組あります。それらを見つけて □ のように線でむすびましょう。

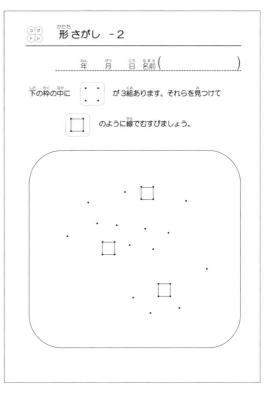

形さがし － 3

_年_ _月_ _日_ 名前( )

下の枠の中に ⸪ が3組あります。それらを見つけて □ のように線でむすびましょう。

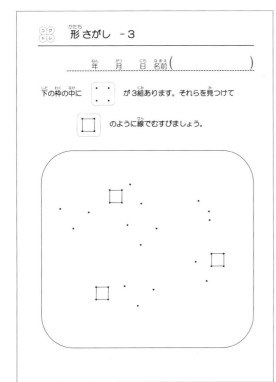

形さがし － 4

_年_ _月_ _日_ 名前( )

下の枠の中に ⸪ が4組あります。それらを見つけて □ のように線でむすびましょう。

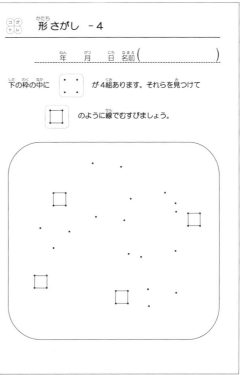

形さがし －5

年　月　日　名前(　　　　　)

下の枠の中に [: :] が4組あります。それらを見つけて □ のように線でむすびましょう。

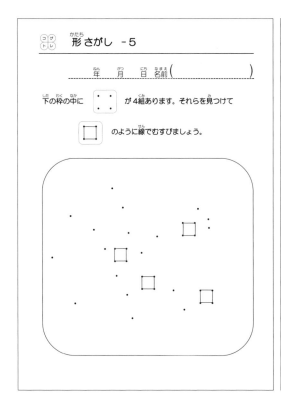

形さがし －6

年　月　日　名前(　　　　　)

下の枠の中に [: :] が4組あります。それらを見つけて □ のように線でむすびましょう。

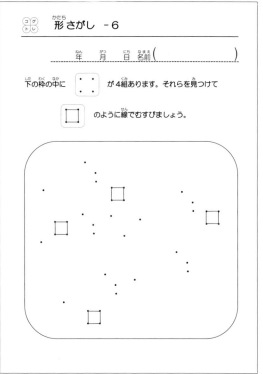

形さがし －7

年　月　日　名前(　　　　　)

下の枠の中に [: :] が5組あります。それらを見つけて □ のように線でむすびましょう。

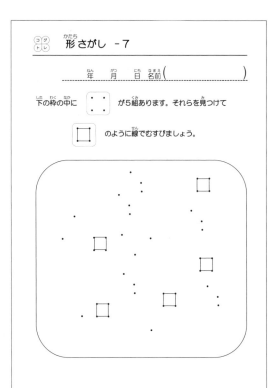

形さがし －8

年　月　日　名前(　　　　　)

下の枠の中に [: :] が5組あります。それらを見つけて □ のように線でむすびましょう。

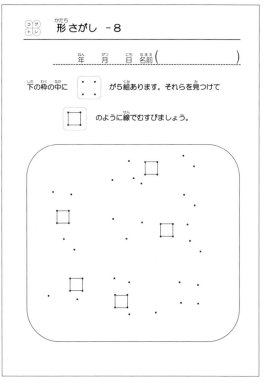

形さがし －9

年　月　日　名前（　　　　　　）

下の枠の中に [⋅⋅/⋅⋅] が5組あります。それらを見つけて

[□] のように線でむすびましょう。

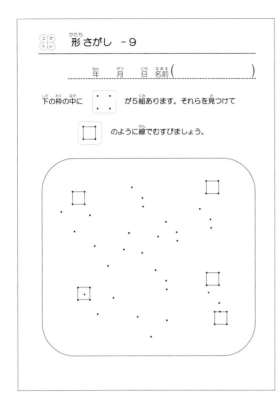

形さがし －10

年　月　日　名前（　　　　　　）

下の枠の中に [⋅⋅/⋅⋅] が5組あります。それらを見つけて

[□] のように線でむすびましょう。

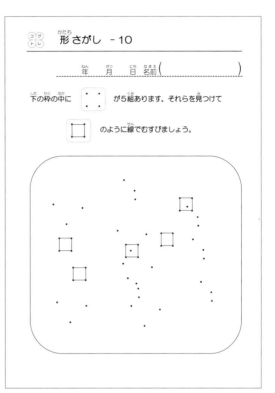

形さがし －11

年　月　日　名前（　　　　　　）

下の枠の中に [⋅⋅/⋅] が3組あります。それらを見つけて

[△] のように線でむすびましょう。

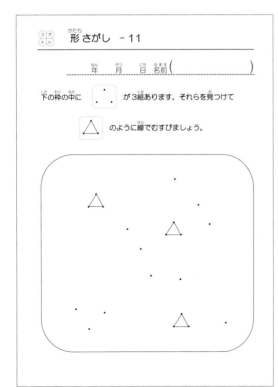

形さがし －12

年　月　日　名前（　　　　　　）

下の枠の中に [⋅⋅/⋅] が3組あります。それらを見つけて

[△] のように線でむすびましょう。

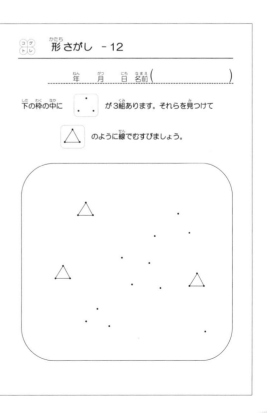

形さがし －13

年　月　日　名前（　　　　　　　　　）

下の枠の中に [..] が3組あります。それらを見つけて △ のように線でむすびましょう。

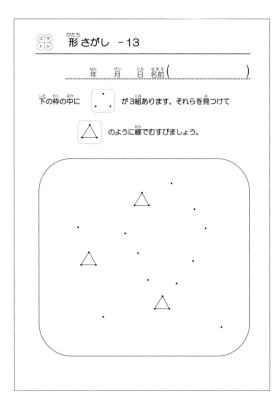

形さがし －14

年　月　日　名前（　　　　　　　　　）

下の枠の中に [..] が4組あります。それらを見つけて △ のように線でむすびましょう。

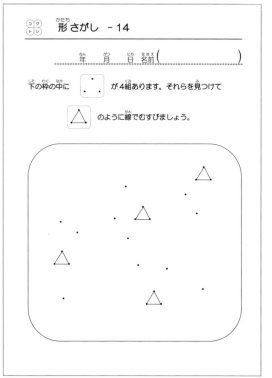

形さがし －15

年　月　日　名前（　　　　　　　　　）

下の枠の中に [..] が4組あります。それらを見つけて △ のように線でむすびましょう。

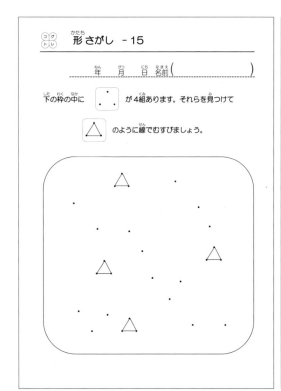

形さがし －16

年　月　日　名前（　　　　　　　　　）

下の枠の中に [..] が4組あります。それらを見つけて △ のように線でむすびましょう。

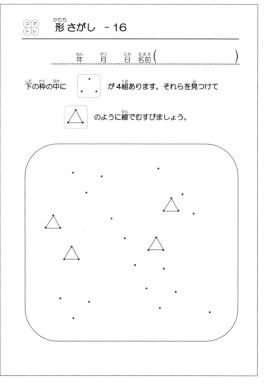

形さがし - 17

年　月　日　名前（　　　　　　　）

下の枠の中に が5組あります。それらを見つけて のように線でむすびましょう。

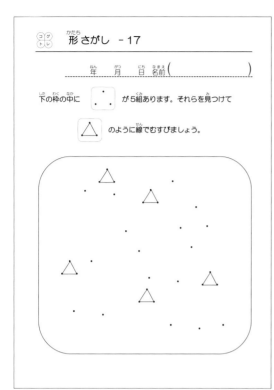

形さがし - 18

年　月　日　名前（　　　　　　　）

下の枠の中に が5組あります。それらを見つけて のように線でむすびましょう。

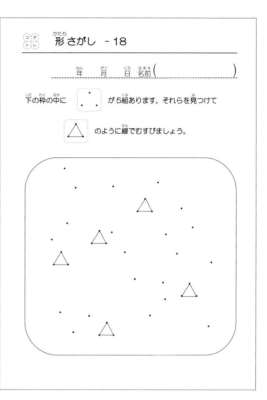

形さがし - 19

年　月　日　名前（　　　　　　　）

下の枠の中に が5組あります。それらを見つけて のように線でむすびましょう。

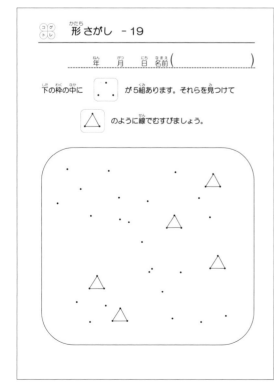

形さがし - 20

年　月　日　名前（　　　　　　　）

下の枠の中に が5組あります。それらを見つけて のように線でむすびましょう。

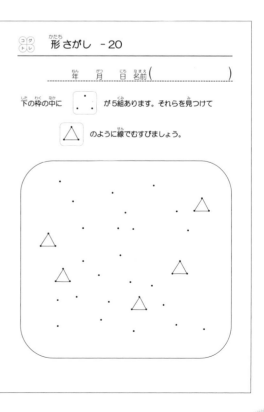

形さがし -21

　　　年　月　日　名前(　　　　　　　)

下の枠の中に [・・] が3組あります。それらを見つけて
　　　　　◇ のように線でむすびましょう。

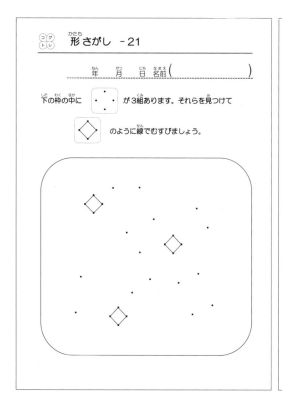

形さがし -22

　　　年　月　日　名前(　　　　　　　)

下の枠の中に [・・] が3組あります。それらを見つけて
　　　　　◇ のように線でむすびましょう。

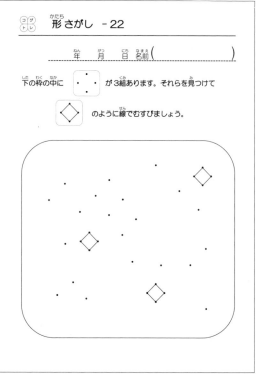

形さがし -23

　　　年　月　日　名前(　　　　　　　)

下の枠の中に [・・] が3組あります。それらを見つけて
　　　　　◇ のように線でむすびましょう。

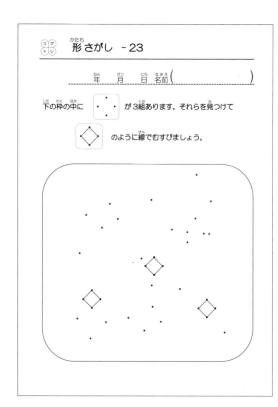

形さがし -24

　　　年　月　日　名前(　　　　　　　)

下の枠の中に [・・] が4組あります。それらを見つけて
　　　　　◇ のように線でむすびましょう。

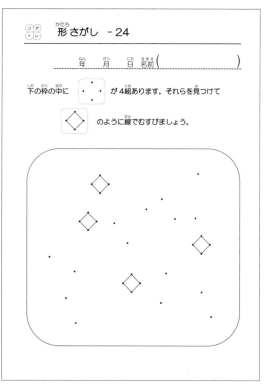

54

形さがし －25

____年 ____月 ____日 名前(_____)

下の枠の中に [・・] が4組あります。それらを見つけて ◇ のように線でむすびましょう。

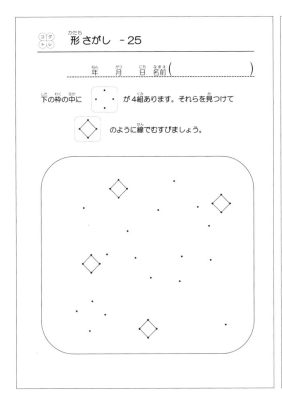

形さがし －26

____年 ____月 ____日 名前(_____)

下の枠の中に [・・] が4組あります。それらを見つけて ◇ のように線でむすびましょう。

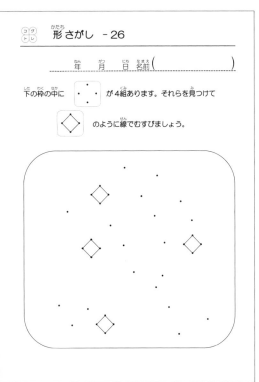

形さがし －27

____年 ____月 ____日 名前(_____)

下の枠の中に [・・] が5組あります。それらを見つけて ◇ のように線でむすびましょう。

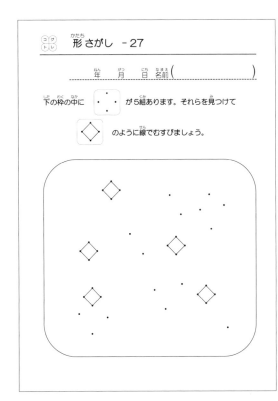

形さがし －28

____年 ____月 ____日 名前(_____)

下の枠の中に [・・] が5組あります。それらを見つけて ◇ のように線でむすびましょう。

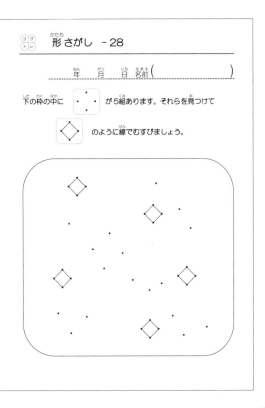

55

形さがし −29

年　月　日　名前（　　　　　　　　）

下の枠の中に ⋯ が5組あります。それらを見つけて ◇ のように線でむすびましょう。

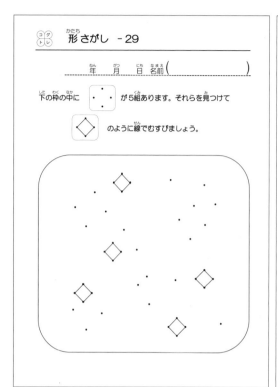

形さがし −30

年　月　日　名前（　　　　　　　　）

下の枠の中に ⋯ が5組あります。それらを見つけて ◇ のように線でむすびましょう。

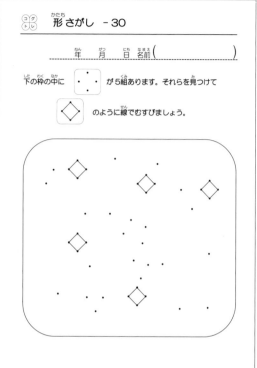

この影はどれ？①

1	3
2	1
3	2
4	4
5	1
6	4
7	3
8	2
9	2
10	3
11	4
12	1
13	3
14	4
15	2

この影はどれ？②

1	3
2	4
3	1
4	2
5	1
6	3
7	4
8	4
9	1
10	3
11	4
12	2
13	1
14	3
15	1

同じ絵はどれ？①

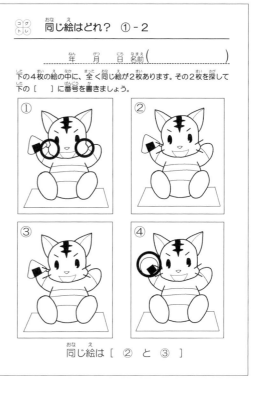

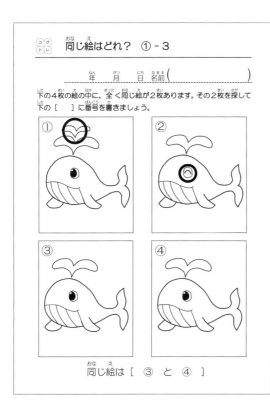

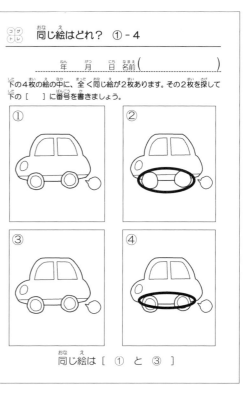

同じ絵はどれ？ ①-5

年　月　日　名前（　　　　　　　）

下の4枚の絵の中に、全く同じ絵が2枚あります。その2枚を探して下の [ ] に番号を書きましょう。

同じ絵は [② と ④]

同じ絵はどれ？ ①-6

年　月　日　名前（　　　　　　　）

下の4枚の絵の中に、全く同じ絵が2枚あります。その2枚を探して下の [ ] に番号を書きましょう。

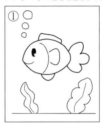

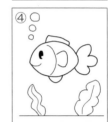

同じ絵は [① と ④]

同じ絵はどれ？ ①-7

年　月　日　名前（　　　　　　　）

下の4枚の絵の中に、全く同じ絵が2枚あります。その2枚を探して下の [ ] に番号を書きましょう。

同じ絵は [① と ②]

同じ絵はどれ？ ①-8

年　月　日　名前（　　　　　　　）

下の4枚の絵の中に、全く同じ絵が2枚あります。その2枚を探して下の [ ] に番号を書きましょう。

同じ絵は [② と ④]

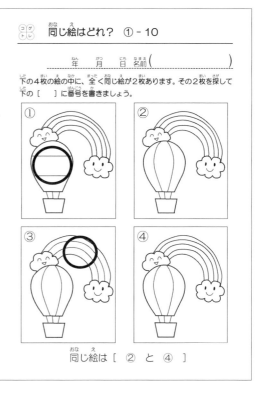
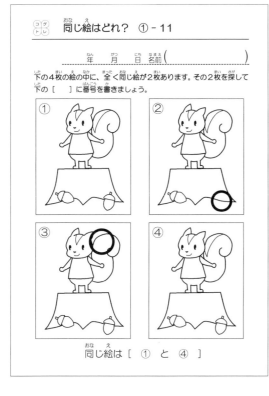
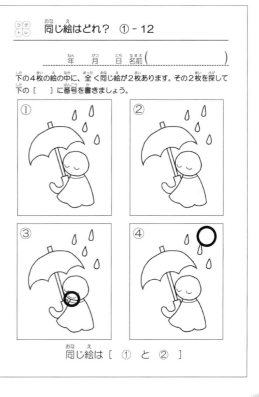

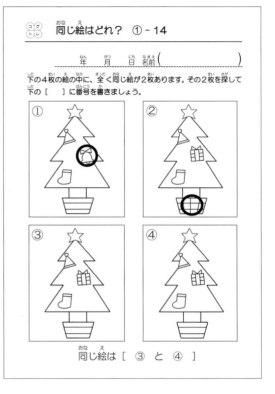
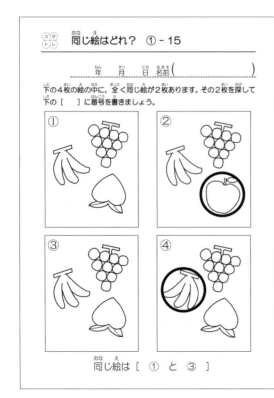
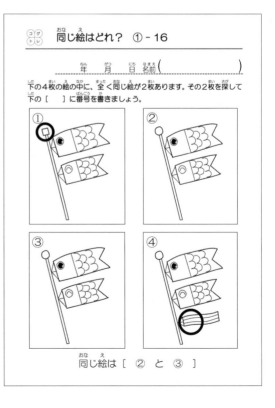

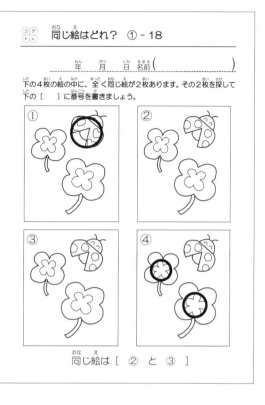

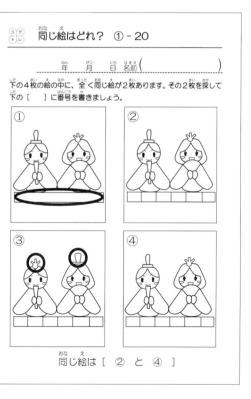

同じ絵はどれ？②

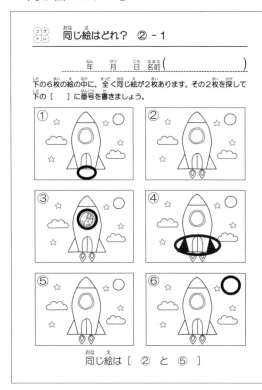

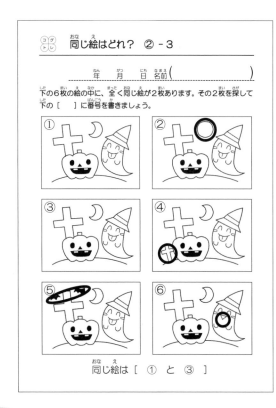

同じ絵はどれ？ ②-5

年　月　日　名前（　　　　　　）

下の6枚の絵の中に、全く同じ絵が2枚あります。その2枚を探して下の[ ]に番号を書きましょう。

同じ絵は [① と ⑥]

同じ絵はどれ？ ②-6

年　月　日　名前（　　　　　　）

下の6枚の絵の中に、全く同じ絵が2枚あります。その2枚を探して下の[ ]に番号を書きましょう。

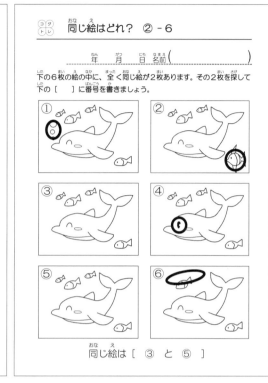

同じ絵は [③ と ⑤]

同じ絵はどれ？ ②-7

年　月　日　名前（　　　　　　）

下の6枚の絵の中に、全く同じ絵が2枚あります。その2枚を探して下の[ ]に番号を書きましょう。

同じ絵は [① と ④]

同じ絵はどれ？ ②-8

年　月　日　名前（　　　　　　）

下の6枚の絵の中に、全く同じ絵が2枚あります。その2枚を探して下の[ ]に番号を書きましょう。

同じ絵は [③ と ⑥]

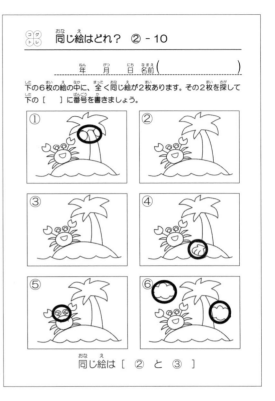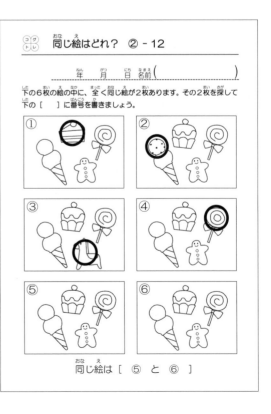

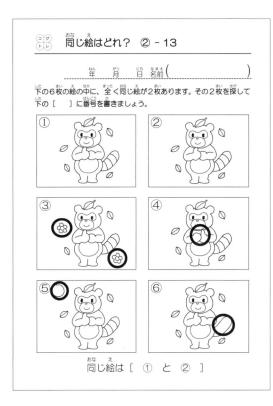
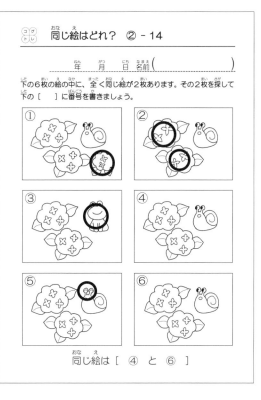

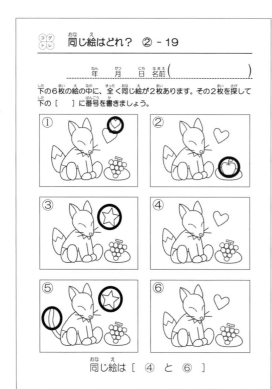
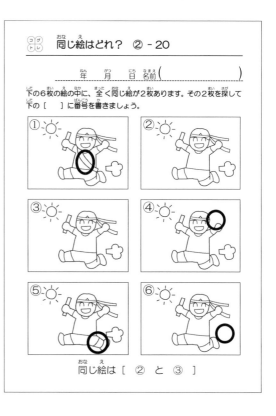

想像する

スタンプ

1	1		16	1
2	4		17	1
3	2		18	2
4	3		19	4
5	2		20	3
6	1		21	3
7	4		22	1
8	3		23	2
9	3		24	4
10	2		25	2
11	1		26	4
12	4		27	3
13	4		28	2
14	3		29	1
15	2		30	3

著者略歴

・宮口幸治（みやぐち　こうじ）

立命館大学産業社会学部・大学院人間科学研究科教授．京都大学工学部卒業，建設コンサルタント会社勤務の後，神戸大学医学部医学科卒業．神戸大学医学部附属病院精神神経科，大阪府立精神医療センター等を勤務の後，法務省宮川医療少年院，交野女子学院医務課長を経て，2016 年より現職．医学博士，子どものこころ専門医，日本精神神経学会専門医，臨床心理士，公認心理師．児童精神科医として，困っている子どもたちの支援を教育・医療・心理・福祉の観点で行う「日本 COG-TR 学会」を主宰し，全国で教員向けに研修を行っている．

主な著書に『性の問題行動をもつ子どものためのワークブック』『教室の「困っている子ども」を支える 7 つの手がかり』『教室の困っている発達障害をもつ子どもの理解と認知的アプローチ』（以上，明石書店），『不器用な子どもたちへの認知作業トレーニング』『コグトレ みる・きく・想像するための認知機能強化トレーニング』『社会面のコグトレ 認知ソーシャルトレーニング』（以上，三輪書店），『1 日 5 分！教室で使えるコグトレ 困っている子どもを支援する認知トレーニング 122』『もっとコグトレ さがし算 60 初級・中級・上級』『1 日 5 分 教室で使える漢字コグトレ 小学 1〜6 年生』『学校でできる！性の問題行動へのケア』（以上，東洋館出版社），『ケーキの切れない非行少年たち』（新潮社）等がある．

やさしいコグトレ
認知機能強化トレーニング

発　行	2018 年 2 月 1 日　第 1 版第 1 刷
	2020 年 4 月 20 日　第 1 版第 4 刷ⓒ
著　者	宮口幸治
発行者	青山　智
発行所	株式会社 三輪書店
	〒 113-0033 東京都文京区本郷 6-17-9　本郷綱ビル
	☎ 03-3816-7796　FAX 03-3816-7756
	http://www.miwapubl.com
印刷所	三報社印刷 株式会社

本書の内容の無断複写・複製・転載は，著作権・出版権の侵害となることがありますのでご注意ください．

ISBN 978-4-89590-621-0　C 3037

JCOPY ＜出版者著作権管理機構 委託出版物＞

本書の無断複製は著作権法上での例外を除き禁じられています．複製される場合は，そのつど事前に，出版者著作権管理機構（電話 03-5244-5088, FAX 03-5244-5089, e-mail：info@jcopy.or.jp）の許諾を得てください．

■ "じっと座っていられない" "左右がわからない" "力加減ができない"
　不器用な子どもが変わるトレーニング

不器用な子どもたちへの
認知作業トレーニング

編著　宮口 幸治・宮口 英樹

シリーズ第1弾

　発達障害や知的障害をもつ子どもたちの中には、身体的不器用さを併せもつ子どもがいる。不器用ゆえに身体を使った作業が難しく、周囲とうまくなじめずにいる子も少なくない。自分ではどうしようもないもどかしさ。認知作業トレーニング（Cognitive Occupational Training：COGOT）は、そうした不器用な子の支援のために考案されたプログラムである。

　本書は7つのモジュールから成るトレーニングを豊富なイラストとともに紹介し、さらに実演DVDを付録とすることで読者の理解を深めることができるようになっている。作業療法、特別支援教育の場のみならず、広く一般教育でも使用できる希望の一冊。

■主な内容■

第1章　不器用な子どもの特徴
第2章　COGOTの理論的背景と構成
第3章　COGOTプログラム
　1. 準備するもの
　2. 導入セッション
　3. COGOTプログラム
　　＜自分の身体＞
　　　1）身体を知る
　　　2）力加減を知る
　　　3）動きを変える
　　＜物と自分の身体＞
　　　4）物をコントロールする
　　　5）指先を使う
　　＜人の身体と自分の身体＞
　　　6）動きをまねる
　　　7）動きを言葉で伝える
第4章　モデルプログラム例
　① 40分スタンダードバージョン【学校用】
　② 60分リハビリテーションバージョン【高齢者用】
　③ 80分フルバージョン【施設用】
　④ 10分ミニバージョン【共通】
　プログラム進行表
第5章　不器用さのアセスメント
第6章　COGOTの効果検証

● 定価（本体3,800円+税）　B5　164頁／DVD付　2014年　ISBN 978-4-89590-479-7
お求めの三輪書店の出版物が小売書店にない場合は，その書店にご注文ください．お急ぎの場合は直接小社に．

　〒113-0033 東京都文京区本郷6-17-9 本郷綱ビル
編集☎03-3816-7796　FAX 03-3816-7756　販売☎03-6801-8357　FAX 03-6801-8352
ホームページ：https://www.miwapubl.com

■ 認知機能の弱さから伸び悩んでいる子どもたちが勉強好きになるきっかけに

コグトレ
みる・きく・想像するための 認知機能強化トレーニング
プリントして使えるCD付き
シリーズ第2弾

宮口 幸治（児童精神科医）

コグトレとは、認知機能に含まれる5つの要素（記憶、言語理解、注意、知覚、推論・判断）に対応する、「覚える」、「数える」、「写す」、「見つける」、「想像する」力を伸ばすための、紙と鉛筆を使ってできるトレーニングです。主に認知機能に弱さがみられるお子さんを対象につくってありますが、幼児の早期教育、小・中・高校生への学習補助、高齢者の認知症予防、統合失調症や高次脳機能障害の認知機能リハビリテーション等にも幅広く利用可能です。

本書では、コグトレの使い方や効果的な進め方、学校現場やご家庭でできる認知機能の弱い子どもを見つけるスクリーニング検査、効果検証などを紹介します。付録のCDには800題以上のトレーニングを収載しており、これ1冊があれば先生方やご家族も一緒に取り組むことができます。

■ 主な内容 ■

第1章 コグトレの開発背景と理論・構成
1. コグトレの開発背景
2. コグトレの理論的背景と構成

第2章 コグトレの使い方
覚える
1. 視覚性の短期記憶
 ・図形記憶
  1）何があった？
 ・位置記憶
  1）数字はどこ？
  2）文字はどこ？
  3）数字と文字はどこ？
  4）記号はどこ？
  5）○はどこ？
  6）アレはどこ？
2. 聴覚性の短期記憶と文章理解
  1）最初とポン
  2）最後とポン
  3）何が一番？
  4）何が何番？

数える
  1）まとめる
  2）記号さがし
  3）あいう算
  4）さがし算

写す
  1）点つなぎ
  2）曲線つなぎ
  3）折り合わせ図形
  4）記号の変換
  5）鏡映し
  6）くるくる星座

見つける
  1）黒ぬり図形
  2）重なり図形
  3）回転パズル
  4）形さがし
  5）違いはどこ？
  6）同じ絵はどれ？

想像する
  1）スタンプ
  2）穴の位置
  3）心で回転
  4）順位決定戦
  5）物語つくり

第3章 コグトレの進め方
コグトレ課題一覧
  1. 4カ月コース
  2. 8カ月コース

第4章 認知機能の評価方法
1. ご家庭でもできるスクリーニング検査
  1）みる力
  2）きく力
2. 専門的検査
  1）知能検査
  2）記憶検査
  3）注意検査
  4）視覚認知検査
  5）実行機能検査

第5章 効果検証
1. 対象
2. 介入方法
3. 結果
4. 考察

付録CDについて / 解答
1. 付録CDについて
2. 付録CD収載データの構成
3. 解答

● 定価（本体 2,000 円+税） B5 80頁 2015 年 ISBN 978-4-89590-506-0

お求めの三輪書店の出版物が小売書店にない場合は、その書店にご注文ください。お急ぎの場合は直接小社へ。

三輪書店 〒113-0033 東京都文京区本郷6-17-9 本郷綱ビル
編集 ☎03-3816-7796 FAX 03-3816-7756 販売 ☎03-6801-8357 FAX 03-6801-8352
ホームページ：https://www.miwapubl.com

■ コグトレ シリーズ第4弾、
相手の感情を考えるスキル、危険を避けるスキル等を認知的側面からトレーニング

社会面のコグトレ
認知ソーシャルトレーニング ①
段階式感情トレーニング / 危険予知トレーニング編

著　宮口 幸治（立命館大学）・宮口 英樹（広島大学大学院）

話題の"コグトレ"を系統立てて学べるシリーズです。

子どもの対人支援には「身体面」、「学習面」、「社会面」の3方面からのアプローチが欠かせません。

これまで"コグトレ"シリーズでは、身体面の支援として『不器用な子どもたちへの認知作業トレーニング』（2014年刊）、学習面の支援として認知機能強化トレーニングの『コグトレ』（2015年刊）、『やさしいコグトレ』（2018年刊）を刊行してまいりました。

最後のパーツとなる社会面の支援は2分冊となります。前編となる本書は「段階式感情トレーニング / 危険予知トレーニング編」と題し、ワークシートを用い、相手の感情を考えるスキル、危険を避けるスキル等を認知的側面からトレーニングできます。

後編は「対人マナートレーニング / 段階式問題解決トレーニング編」です。（発売時期：2020年夏頃）

■ コグトレとは

認知機能に含まれる5つの要素（記憶、言語理解、注意、知覚、推論・判断）に対応する、「覚える」、「数える」、「写す」、「見つける」、「想像する」力を伸ばすための、紙と鉛筆を使ってできるトレーニングです。

■ 主な内容 ■

第1章　認知ソーシャルトレーニング（COGST）とは
① 困っている子どものさまざまな行動
② 困っている子どもの特徴〈5点セット＋1〉
③ 3方面からの子どもの具体的支援
④ 認知ソーシャルトレーニング（COGST）の構成

第2章　段階式感情トレーニング
Staged Emotional Training：SET
① 段階式感情トレーニングの背景
② 段階式感情トレーニングの方針と構成
　1）この人はどんな気持ち？ ― 他者の表情・状況理解（1人）
　　ワークシート　この人はどんな気持ち？
　2）この人たちはどんな気持ち？ ― 他者の表情・状況理解（複数）
　　ワークシート　この人たちはどんな気持ち？
　3）感情のペットボトル ― 感情コントロールの動機づけ
　4）違った考えをしてみよう ― 自己感情の理解・表現・思考の修正
　　ワークシート　「違った考えをしてみよう」シート
　5）思いやりトレーニング ― 他者への共感、自己感情のコントロール法の確認
　　ワークシート　思いやりトレーニング（悩み相談室）
③ 段階式感情トレーニングの部分使用例

第3章　危険予知トレーニング
Kiken - Yochi Training：KYT
① 危険予知トレーニングの背景
② 危険予知トレーニングの手順
　危険予知トレーニング ― 各ワークシートの想定リスク
　　ワークシート　危険予知トレーニング

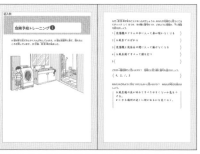

● 定価（本体 2,000円＋税）　B5　128頁　2020年　ISBN 978-4-89590-683-8

お求めの三輪書店の出版物が小売書店にない場合は，その書店にご注文ください．お急ぎの場合は直接小社に．

〒113-0033 東京都文京区本郷6-17-9 本郷綱ビル
編集☎03-3816-7796 FAX 03-3816-7756　販売☎03-6801-8357 FAX 03-6801-8352
ホームページ：https://www.miwapubl.com